WORTSUCHRÄTSEL
FÜR KINDER
12 JAHREN+

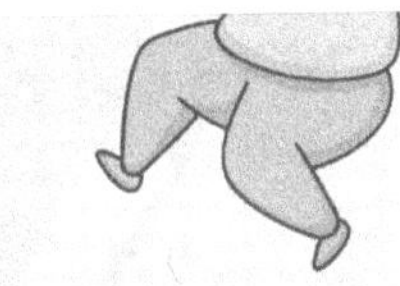

DIE REGELN

8 MÖGLICHEN AUSRICHTUNGEN

VON OBEN NACH UNTEN UND
VON UNTEN NACH OBEN

VON LINKS NACH RECHTS UND
VON RECHTS NACH LINKS

DIAGONAL 4 MÖGLICHEN
AUSRICHTUNGEN

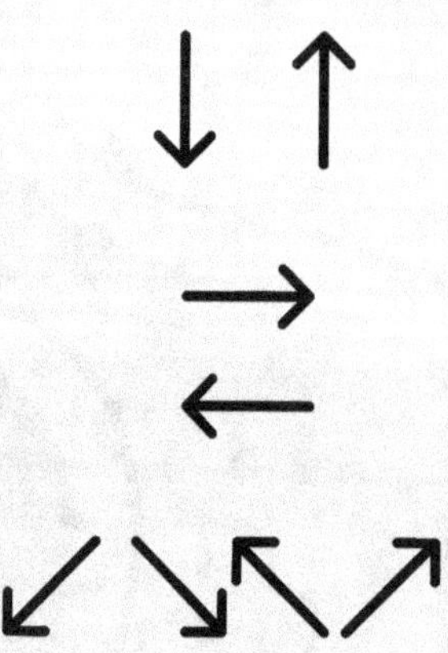

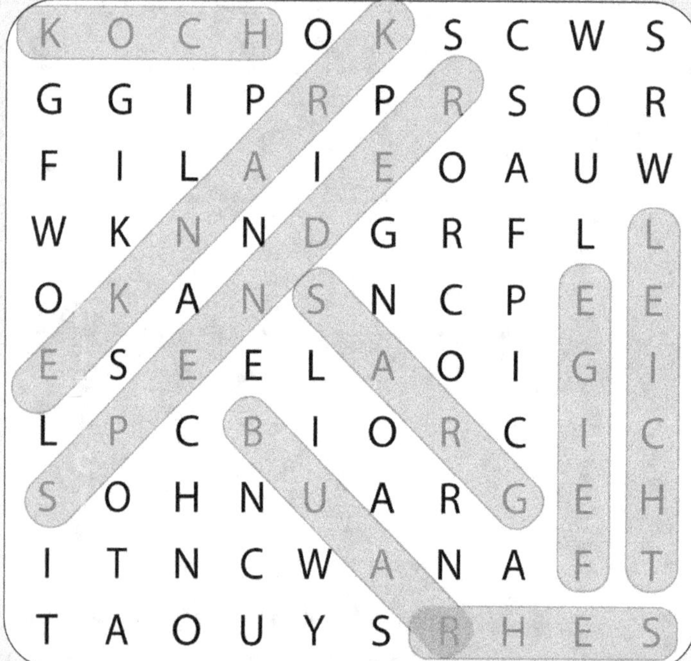

KOCH
LEICHT
SEHR
FEIGE
KRANKE
SPENDER
RAUB
SARG
REBELL
TAKTIK

PUZZLE #1

```
I B T P N E V L Q J
N E M U A D D M Z H
E Z A H N I C C F R
Z Y F L E X I B E L
L Y E L M E L O N E
E R K A M Y S M I D
T X K G O L H I Q K
S P U C K E N G E C
B H S E N F A C E W
B J S F A N K E R G
```

ANKER, ANKOMMEN, DAUMEN, ENFACE, FLEXIBEL, KLEID, KUSS, MELONE, SPUCKEN, STELZEN, WEISE, ZAHN

PUZZLE #2

Y	R	B	V	L	M	J	Q	O	B
Z	G	E	S	Ä	ß	M	P	O	H
M	B	B	I	M	L	Y	Q	S	H
F	E	N	O	H	P	O	L	Y	X
V	T	G	U	M	E	Z	N	S	N
Y	P	E	I	T	S	C	H	E	Z
O	I	I	C	S	Z	I	E	G	E
V	R	L	N	R	D	L	D	V	M
L	K	Ü	W	G	P	F	O	O	Z
A	S	S	B	X	N	R	U	S	D

BÜRO, GESÄß, GUM, NUTZLOS, PEITSCHE, PIN, REIHE, SKRIPT, VOR, XYLOPHON, ZIEGE, ZOO

PUZZLE #3

```
F V R N A L Q I E Z
D L T Ö T E N L S T
N H S U N I M L J D
M G K P F D K L N A
M E Z U N E H M E N
T C I V S N T G B B
S P A N T O F F E L
D H U M P D N Z I O
C I B F F N X N S N
Q I A G E M Ü S E D
```

BLOND, GEMÜSE, HUMP, LEIDEN, MEIN, MINUS, PANTOFFEL, SIEBEN, SONNE, TOPF, TÖTEN, ZUNEHMEN

PUZZLE #4

```
X F L P I F O A M W
A K S A B V F M I U
B N U P I R A T T E
H O U Z I L U S E Z
O S T E Q E W T E H
L P D E C D L I A C
E E R H A L T E N L
N L R K Z A H T P I
L P O R T U G A L M
V C Z O E K H D B T
```

ABHOLEN, BRUTAL, DATEI, ERHALTEN,
FRIEDEN, KNOSPE, LAMM, MILCH,
PORTUGAL, RATTE, SPIEL, VASE

PUZZLE #5

```
G P W I A V N P J Z
W K G M I H X I A I
J G S H C A E L U E
Y N E H Ä N I N S G
K M A O H N M V N R
M A F O U F R E C H
P G B K I A A N X E
K I O C Z S J U N G
N E K A H T I S R P
I R H Z V N O X W U
```

ARM, BOHNE, EHRGEIZ, EULE, FAST, FICK, FRECH, HAKEN, JUNG, MAGIER, NÄHEN, VENUS

PUZZLE #6

C	B	S	T	U	I	V	D	L	F
X	Z	E	I	T	U	N	G	E	N
B	E	A	I	N	A	D	R	O	J
D	S	E	S	B	E	H	H	M	W
U	T	K	S	B	B	G	F	H	H
S	E	L	W	D	P	D	O	D	J
C	A	I	B	O	N	X	T	B	S
H	K	N	E	R	H	U	U	D	U
E	I	G	I	T	F	R	Ü	D	K
T	P	E	Z	E	R	U	H	J	K

BOGEN, DÜRFTIG, DUSCHE, HALSBAND, JORDANIA, KLINGE, ORT, REZEPT, SEE, STEAK, UHR, ZEITUNGEN

PUZZLE #7

```
F W S M I C O T X J
M N N K B Z J S Y Z
S H C A Q L U E X F
T Ö T L M P U P P E
K S H O C E O T P N
F C N R D E T I E Z
D H G I F Ä K S T N
V E X E E C S A Ö N
R N U N D E K B R I
A U V W M D I C K K
```

BLUTEN, DICK, HÖSCHEN, KÄFIG, KALORIEN, KINN, KRÖTE, MESSEN, NAME, PUPPE, STAB, ZEIT

PUZZLE #8

```
E F Y O P S S T V K
U S V Y E D W Z A Z
F D F I N T K X M C
S N T O R C I M H Y
N E G Ü R T E B Z I
E B M E S M O D Q G
M A B H C S U B A Z
T Ü L Ä C H E L N O
A U G E M V L V A X
N M S U P E R L E R
```

ABEND, ATMEN, AUGE, BETRÜGEN, BUSCH, FORMULAR, GALLE, LÄCHELN, MICRO, PERLE, SEITE, ÜBER

PUZZLE #9

```
C Q O L K H D A C J
D F M W I W R X I M
K B F M O V G G S Z
K O S P R E C H E R
K Ü I U O B R O T A
ß T R E K C E W E U
E B A L B U M W L C
L H K U R S M H B H
H N T P F S U C H E
V O G E L D N A W N
```

ALBUM, BROT, KURS, LUPE, NUMMER, RAUCHEN, SPRECHER, SUCHE, SÜß, VOGEL, WAND, WECKER

PUZZLE #10

```
T M L J Z A N I X O
Q V Q W T E N Q A A
B N X B K U C M F A
V E J N F A L C Z H
N R I W F S C P C N
E R S H O N L U E H
T E N E T L A H E B
L P G I S L C C O H
A S L ß V A Y Z K K
F R Ö H L I C H J T
```

BEHALTEN, FALTEN, FRÖHLICH, HEIß, KOHL, LACHEN, LAUCH, NACKT, SPERREN, STOFF, TRINKEN, TULPE

PUZZLE #11

D	V	X	B	Z	S	A	U	W	A
Q	Q	É	F	A	C	F	R	K	N
E	R	C	R	Ä	B	E	L	T	Z
R	K	U	U	Z	T	E	H	D	E
S	J	I	W	I	I	E	H	E	I
I	E	E	L	D	N	M	U	N	G
E	R	J	U	H	G	I	M	K	E
G	I	N	A	O	B	O	D	E	N
E	G	S	M	Q	W	I	B	N	R
L	O	J	F	H	G	P	A	R	K

ANZEIGEN, BÄR, BODEN, CAFÉ, DENKEN, IMMER, KLEIDUNG, LITER, MAULWURF, SAHNE, SIEGEL, ZWERG

PUZZLE #12

Q	S	C	W	A	S	C	H	E	N
E	T	X	F	T	I	G	V	O	E
D	Y	F	N	F	E	J	T	Z	T
R	E	Q	Q	R	R	I	K	Z	S
E	I	S	P	N	E	P	P	I	T
B	E	R	H	R	H	G	I	I	R
H	A	T	E	T	C	Q	R	K	A
K	D	N	U	M	S	S	D	Ä	ß
L	U	A	D	K	Ä	M	D	L	E
F	H	E	B	V	W	W	E	B	H

AFFE, ÄRGERN, BAND, ERDE, HAUT, MUND, NOTIEREN, STRAßE, TEE, TIPPEN SIE, WASCHEN, WÄSCHEREI

PUZZLE #13

```
L O I Q Z M O D A W
R A B R A B T P E W
E B U A H R O T O M
F J A F O C F O R B
Z Q A N K G U N E G
D L K D A L D B C I
L C V B H N Ä E R J
X G R E I H E R G Z
X Z M O L I P P E N
G E K R I E C H E N
```

AUFKLÄREN, BANANE, BARBAR, BUCH, FALL, FOTO, GENUG, HIER, KRIECHEN, LIPPEN, MEHL, MOTORHAUBE

PUZZLE #16

O	U	X	R	E	I	T	T	T	Y
I	R	S	V	T	Q	O	S	K	Z
Y	H	G	C	T	F	Z	K	Z	E
L	L	A	G	E	R	U	B	R	I
W	Ö	Z	S	F	Z	L	B	S	C
J	F	N	I	S	U	O	C	S	H
B	F	D	Y	T	E	N	K	H	N
R	E	L	L	O	R	N	M	T	U
B	L	G	E	W	I	N	N	E	N
Q	E	H	I	E	L	S	U	A	G

AUSLEIHE, BLUT, COUSIN, FETTE, GEWINNEN, HASSEN, KNIE, LÖFFEL, REGAL, ROLLER, TIER, ZEICHNUNG

PUZZLE #15

```
P F H E G N A L D R
R Z T R A A R M M E
R X K S T C U U Z L
J M X L N E T S U H
V I E R N P A E H E
Q T C F O B R P S F
N T X M S Q A H U V
U A E T A L P O Y A
A G H L G W E L T V
X S E K N K R A N K
```

EHE, FEHLER, HEAP, HUSTEN, KRANK,
LANGE, MITTAGS, PLATEAU, REPARATUR,
SONNTAG, VIER, WELT

PUZZLE #16

```
Z  T  I  C  U  E  L  R  E  E
W  V  N  X  A  Z  A  O  C  S
K  K  E  L  L  E  T  S  C  O
S  M  H  R  B  K  F  H  A  W
S  P  Ä  T  W  E  L  Z  S  V
O  N  N  K  T  E  L  G  I  I
T  B  U  F  C  E  N  L  N  E
M  B  Z  H  U  H  G  D  O  L
B  A  T  S  ß  A  M  P  E  W
M  P  T  S  P  A  L  A  S  T
```

BLAU, CASINO, FUß, MAßSTAB, PALAST, SCHLECHT, SO VIEL, SPÄT, STELLE, VERWENDET, WOLLE, ZUNÄHEN

PUZZLE #17

```
W  F  I  F  S  R  T  V  T  E
I  O  T  Z  R  A  Y  Y  F  I  Z
Y  K  M  J  U  M  I  N  E  C
I  X  Ü  C  S  T  R  R  H  V
L  O  H  A  S  I  S  A  D  W
R  E  L  I  C  T  N  N  N  Y
N  A  E  H  Ö  C  S  G  U  T
T  L  T  R  E  Y  I  O  S  H
B  E  E  L  S  O  M  M  E  R
N  N  E  D  N  Ä  L  E  G  F
```

ARZT, BLEISTIFT, CHANCE, EINRICHTEN, GELÄNDE, GESUNDHEIT, GUT, MÜHLE, SALAT, SOMMER, TAUCHEN, ZERSTÖREN

PUZZLE #18

V	S	P	Y	M	P	R	Z	O	Z
K	S	T	K	T	G	E	B	H	E
A	B	E	I	F	Ü	G	E	N	I
R	D	A	D	M	O	N	A	T	C
B	L	R	A	W	M	K	C	P	H
E	E	C	T	O	W	E	S	P	E
I	H	Ü	G	E	L	H	A	W	N
T	S	E	N	S	I	L	R	Z	Q
E	L	T	E	R	N	E	L	I	K
N	Z	Q	E	Y	I	Z	H	R	C

ARBEITEN, BEIFÜGEN, DREI, ELTERN, HÜGEL, KEHLE, MACHT, MONAT, NEST, STIMME, WESPE, ZEICHEN

PUZZLE #19

O	V	X	F	L	Ü	S	S	I	G
O	D	K	Ö	M	U	C	A	O	E
E	R	W	L	D	O	H	N	G	S
H	E	P	A	K	T	M	A	M	C
R	F	N	T	A	K	O	N	O	H
J	P	Q	N	L	Z	L	A	J	E
U	L	C	R	T	T	L	Q	A	N
F	K	L	A	M	M	E	R	W	K
D	D	E	G	A	T	N	O	M	P
J	B	N	S	N	T	D	I	D	L

ANANAS, FLÜSSIG, GESCHENK, KALT, KLAMMER, LÖWE, MOM, MONTAG, PAKT, PFERD, SCHMOLLEND, SUDAN

PUZZLE #20

```
H E R R E E X M O V
Q A W L E G G H R I
O E H N I W Q S B Z
U X H N N Ä H C D G
V C O S W R N H U C
S H C A E M O Ü X J
M D K U Z E L T A G
D Z E G R F L Z E D
Q F R E D C A E P R
R V R N I S B N B Q
```

BALLON, CRU, FEUER, HAHN, HERR, HOCKER, HONIG, SAUGEN, SCHNEE, SCHÜTZEN, WÄRME, ZELT

PUZZLE #21

U	P	N	J	J	V	Z	B	K	D
U	W	G	E	H	K	P	G	D	Y
N	W	E	I	P	A	P	I	E	R
E	R	K	R	A	N	K	U	N	G
Z	E	F	Ä	K	I	E	N	L	K
I	G	V	R	S	N	G	S	I	K
E	N	P	P	C	C	E	L	E	S
H	I	D	X	Q	H	O	S	E	B
D	F	Ü	ß	E	E	U	S	L	C
M	G	D	X	K	N	O	T	E	N

BESEN, DIP, ERKRANKUNG, FINGER, FÜßE, HEIZEN, HOSE, KANINCHEN, KNOTEN, PAPIER, PRÄRIE, WERK

PUZZLE #22

```
Q G G J J B G M G E
R S P R I N G E N I
O E S H C E D I E X
U L T G H T R M F Q
L T F L A S C H E H
A S K E U G Z L X T
D A H I K H L I T D
E M A C N E C V E U
D S A H W D U S R L
S S C H W E B E N B
```

EIDECHSE, EXTERN, FLASCHE, GLEICH,
KIND, ROULADE, SCHULTER, SCHWEBEN,
SELTSAM, SPRINGEN, WELLE, ZIEL

PUZZLE #23

```
K A J K O M M E N M
X G J C M S D S N X
B A M L I F F S S P
N S L N E G E I W P
M E U D Z H B A S L
W I M K I E P C F Y
F I A H L F L Y J K
G H R C O U U N H K
L T K T P E S A N V
A R E C H T L T B S
```

CAISSE, FILM, HAI, HEU, KAHL, KOMMEN, MARKE, NASE, PFOTE, POLIZEI, RECHT, WIEGEN

PUZZLE #24

```
X R J Q Q E O F J U
D N A L G E U B H P
R E G A L H L X C K
I N Z P F A X D I W
E E A P S H E Y P Z
S I R E T S O P P L
E D N T P Z T L E R
S O O I N S E K T X
G I F T T G F R T P
M I T T W O C H B G
```

APPETIT, BLASEN, DIENEN, GIFT, INSEKT, LAGER, LAND, MITTWOCH, OFT, POSTER, RIESE, TEPPICH

PUZZLE #25

```
H  N  E  B  A  R  G  P  Y  S
R  E  M  M  Ü  R  T  A  T  A
H  G  N  A  G  D  N  U  R  N
U  U  O  N  H  B  D  H  L  M
B  E  M  O  D  E  L  L  E  Y
R  Z  L  V  N  R  H  W  N  Z
F  R  L  T  M  A  I  L  Ö  G
E  E  G  I  K  T  L  Y  H  Z
W  N  J  V  E  E  F  B  C  A
F  I  N  D  E  N  E  D  S  B
```

BERATEN, ERZEUGEN, FINDEN, GRABEN, HILFE, MAIL, MODELL, RUNDGANG, SCHÖNE, STUDENT, TRÜMMER, ZEHN

PUZZLE #26

```
Y E R I Z V F C Z S
D O E F S K B T C Z
B R B I E W B H G Y
G R E T Ü G L D O R
N H L H N I O H Q R
E A K L E T T E R N
L I O ß M N E R Ö H
I D E T S E U E N H
E N U R R W N F K G
H O W Z A X J Ü E H
```

DREHEN, EI, GÜTE, HEILEN, HÖREN, KLETTERN, LEBER, MENÜ, NEUESTE, NUR, SCHLIEßEN, SIEHE

PUZZLE #27

```
R H A Y O N P V A Y
S S T H P Y A N U Z
U S N A G K B P S X
N P E L G D D I W A
U O E T S U R K Ä T
D R V E R D R E H T
M T G N U M B E L I
F I S C H L U F E E
M U N S I N N C N R
P U J R G E G P J E
```

AUSWÄHLEN, FEE, FISCH, GANS, HALTEN, KRUSTE, RUHIG, SPORT, TAG, TIERE, UNSINN, VERDREHT

PUZZLE #28

```
K Y T F F I R G N A
O K O Ä H C C N O F
J K B I R L W M T A
K S E V N E M E I R
T C G H E F G D Z B
K H N K H E M I B E
A N A R C I K U U G
J I B O D T M M C V
W T Q N Ä S F U H Z
K T H E M A Z R U H
```

ANGEBOT, ANGRIFF, FARBE, GERÄT, KRONE, MÄDCHEN, MEDIUM, NOTIZBUCH, RIEMEN, SCHNITT, STIEFEL, THEMA

PUZZLE #29

H	M	A	R	M	E	L	A	D	E	
N	C	X	J	M	B	E	H	K	N	
I	G	A	V	B	Ü	K	F	T	E	
Z	E	N	F	G	R	N	K	K	B	
S	R	R	B	N	J	U	N	G	E	
T	I	E	K	G	I	D	Ü	M	G	
O	C	B	F	T	R	E	Y	M	N	
C	H	B	F	W	B	O	K	P	I	
K	T	A	F	V	G	M	B	U	E	
A	S	S	S	D	S	L	O	O	Q	A

DUNKEL, EINFACH, EINGEBEN, GERICHT, GROß, JUNGE, MARMELADE, MÜDIGKEIT, RÜBE, SABBERN, SAFT, STOCK

PUZZLE #30

```
K H X F W S W M A K
U C A N A C C Z W E
Z I H E Z H O T E L
E L Q C W U R T I I
I R H P I B E R N E
T H O H E K H B A Z
P Ä W C B A Z S P D
L F K U E R K V F C
A E O A L R C P E M
N G U N T E R L L Q
```

APFEL, AUCH, BECKEN, FAHRRAD, GEFÄHRLICH, HOTEL, SCHUBKARRE, UNTER, WEIN, ZEILE, ZEITPLAN, ZWIEBEL

PUZZLE #31

M	G	K	D	P	A	R	W	I	N
E	A	D	Z	H	D	I	U	L	L
G	F	I	A	D	L	E	R	L	E
I	A	L	K	K	H	Q	M	E	H
S	L	T	A	T	R	O	T	P	C
E	E	G	S	M	Z	O	S	D	I
I	N	C	B	M	M	H	B	H	E
R	M	G	J	I	A	E	E	A	R
S	K	D	E	H	C	S	A	T	T
C	C	H	P	J	S	Y	L	C	S

ADLER, AKROBAT, ENG, FLAMME, HALLE, RIESIGE, ROT, SAMSTAG, SEC, STREICHELN, TASCHE, WURM

PUZZLE #32

A	T	R	H	A	F	B	A	C	C
C	S	S	V	V	O	R	D	U	N
V	Q	K	C	F	E	U	V	B	L
Q	H	L	Y	H	U	N	X	I	N
E	L	A	Z	U	N	N	I	Z	M
N	E	R	H	Ü	R	E	B	R	P
H	C	S	Ü	L	P	N	C	U	K
D	Z	I	T	R	O	N	E	K	D
U	A	Z	T	A	H	C	S	C	E
D	N	R	E	T	T	I	Z	I	G

ABFAHRT, BERÜHREN, BRUNNEN, HÜTTE, KLAR, KURZ, PLÜSCH, RAD, SCHATZ, SCHNECKE, ZITRONE, ZITTERND

PUZZLE #33

```
I  T  F  C  Q  L  K  N  Y  Z
I  D  T  J  X  L  R  V  I  K
V  R  K  H  I  D  I  E  E  N
D  P  A  N  C  L  Ä  N  G  E
H  B  G  K  R  A  L  T  F  K
V  E  R  G  E  S  S  E  N  C
L  W  X  E  H  T  J  R  K  I
G  F  I  L  Z  V  E  Q  N  R
U  O  I  D  Z  Y  X  Y  Q  T
V  X  Z  K  L  P  Y  Z  Q  S
```

ACHT, ALT, DIE, FILZ, FOX, GELD, KLINGEL, LÄNGE, RAKETE, STRICKEN, VENTER, VERGESSEN

PUZZLE #34

U	P	J	C	A	T	S	F	L	O
D	Q	J	B	I	T	F	H	G	B
A	F	J	G	I	U	U	Q	D	K
Q	F	E	F	E	N	T	D	N	P
Q	R	T	G	G	D	D	E	R	F
N	A	U	E	N	T	P	E	R	J
X	G	R	A	L	P	S	A	N	O
V	E	R	L	O	S	U	N	G	K
C	T	Ä	T	E	R	E	H	C	S
S	F	S	R	B	U	Y	Y	W	F

BINDEN, FÄLLT, FRAGE, FRAU, HUNGER, PRESSE, SCHERE, STIFT, STOPPEN, STRAND, TIGER, VERLOSUNG

PUZZLE #35

W	N	I	S	L	K	B	J	W	J
Q	E	B	W	A	H	R	E	N	L
Q	H	I	U	I	I	E	F	G	L
V	I	F	L	S	E	I	U	N	E
G	E	T	R	E	I	D	E	I	S
N	L	N	E	K	N	A	D	L	S
F	S	R	N	C	Y	U	H	L	U
V	U	T	R	A	T	T	D	I	R
X	A	X	F	S	T	U	R	W	A
U	Z	L	X	O	Y	A	J	Z	K

AUSLEIHEN, BUS, DANKEN, GETREIDE, KARUSSELL, KAUFEN, STUDIE, TANNE, WAHREN, WEIL, WIE, ZWILLING

PUZZLE #36

```
S  B  M  A  D  X  F  I  A  K
A  C  U  H  O  F  W  Q  B  U
U  X  H  D  K  I  W  I  K  P
S  E  N  A  T  O  R  P  R  X
F  G  U  Z  U  Ü  A  N  A  G
Ü  J  V  E  F  F  R  I  T  C
H  K  Z  B  Ö  S  E  K  Z  Y
R  E  T  I  E  W  E  L  E  M
E  S  S  A  L  K  B  Q  N  I
N  E  H  O  R  D  K  H  M  S
```

ABKRATZEN, AUSFÜHREN, BÖSE, DROHEN, KIWI, KLASSE, SCHAUFEL, SENATOR, TÜRKEI, WEITER, WITZ, ZUG

PUZZLE #37

L	W	I	C	P	S	Y	W	P	G		
V	D	K	G	R	R	G	W	M	M		
N	O	O	N	C	C	C	G	A	B		
G	Ü	R	T	E	L	Q	D	S	I		
F	P	B	T	C	G	E	Z	G	S		
S	O	A	F	R	S	E	T	N	C		
T	U	P	E	D	A	L	I	A	H		
B	R	O	E	F	R	G	M	L	O		
K	X	X	D	Q	G	D	E	U	F		
S	M	N	E	H	E	I	Z	N	A		

ANZIEHEN, BISCHOF, FEED, FLIEGEN, GRAS, GÜRTEL, KORB, LANGSAM, PEDAL, POUR, TAUB, VORTRAGEN

PUZZLE #38

Y	A	D	U	K	M	R	H	T	Q
G	L	A	T	T	O	Q	B	V	W
E	O	D	Q	L	J	W	A	I	E
H	M	D	L	H	R	I	J	T	H
O	C	E	N	E	B	E	L	I	G
R	N	F	G	L	F	G	I	R	C
C	D	Ä	T	M	C	E	E	T	W
H	J	O	N	I	M	O	D	U	I
E	R	W	A	C	H	S	E	N	E
N	B	N	O	Y	D	Q	S	M	J

DOMINO, ERWACHSENE, FELD, GEHORCHEN, GLATT, HELM, JÄGER, LIED, NEBELIG, NUTRITIV, ROLLEN, WIEGE

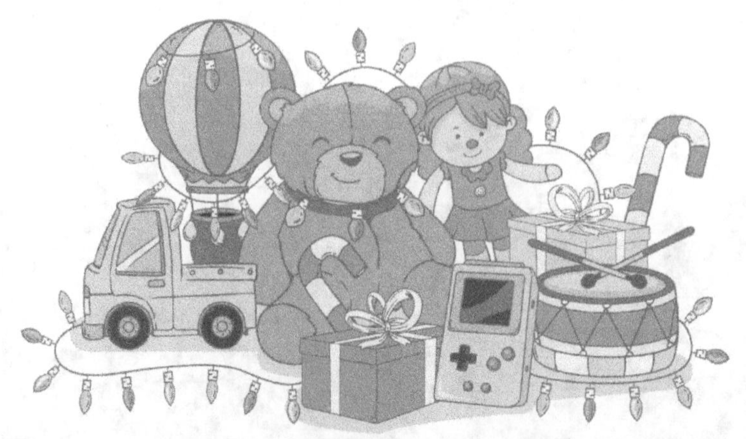

PUZZLE #39

F	F	H	E	E	V	Z	E	E	Z		
D	I	S	L	S	D	B	A	I	M		
R	V	A	E	Q	Y	N	U	A	A		
P	S	N	S	O	A	G	F	R	D		
O	U	G	E	D	U	E	R	F	Q		
F	T	O	E	H	N	H	Ä	U	S		
L	A	L	Z	E	V	E	U	A	Q		
A	T	A	G	Z	H	I	M	V	R		
J	S	I	E	R	L	L	E	U	Q		
A	E	B	U	A	T	T	N	P	B		

ANGOLA, AUF, AUFRÄUMEN, EIGENE, ESEL, FREUDE, GEHEILT, NADEL, REIS, RUB, STATUS, TAUBE

PUZZLE #40

Q A E G V G J B S L
G Z M N B L Y H I T
T S C H A F E P S N A
T S U W R F P E G T
U N W H V R G J E S
R Z M C T Ü U S N A
M I T S F W E N I G
E L H N E W I D I E
C Y I L F X E N U N
G E B R D E U H D A

EINFÜGEN, IDEE, JUWEL, MIT, SAGEN,
SCHAFE, SCHWAN, SINGEN, STURM,
WENIG, WIND, WÜRFEL

PUZZLE #41

```
M I S C H P U L T G
Q K Q I S O L L T E
B W M B R E M S E T
L I S T E S U P P E
Y T L H R I R C Y A
F N E Z N E R G E B
N E D A L N I E R E
E K Y A B H E B E N
M V Y D R E S S E M
N E H C S E I D A R
```

ABHEBEN, BEGRENZEN, BREMSE, EINLADEN, LISTE, MESSER, MISCHPULT, POESIE, RADIESCHEN, SOLLTE, SUPPE, TREIBER

PUZZLE #42

O	P	A	G	A	N	L	C	Z	F
N	H	A	F	E	N	L	P	T	L
R	Ä	U	U	X	E	V	I	E	N
H	N	ß	L	ß	S	E	F	E	Z
D	D	E	Ö	Q	Z	P	H	N	U
C	E	R	T	L	I	E	G	E	N
N	G	H	H	G	I	R	K	K	H
L	L	A	B	Z	B	S	I	C	W
C	M	L	T	D	A	T	S	A	E
T	G	B	V	P	S	E	O	G	J

AUBERHALB, BALL, ECKE, ERSTE, GIPFEL, GRÖBE, HAFEN, HÄNDE, LIEGEN, MAHLZEIT, STADT, ZIEHEN

PUZZLE #43

Q	B	Q	W	P	M	M	D	U	L
K	X	K	L	A	U	T	E	T	L
M	G	K	L	H	A	M	M	E	R
K	F	E	S	G	W	R	P	G	M
E	N	H	E	N	G	Ä	F	E	R
P	S	C	H	U	B	L	A	D	E
X	E	A	C	N	J	P	H	O	T
S	C	D	Ä	H	C	A	N	G	I
R	H	J	L	O	H	E	Q	F	E
U	S	Z	F	W	B	L	T	E	L

DACH, FLÄCHE, HAMMER, LÄRM, LAUTET, LEITER, MALEN, NACH, PUMPE, SCHUBLADE, SECHS, WOHNUNG

PUZZLE #44

J G N A G E N N S I
J A M R K ß W N X R
Y C Ü C X I T S D M
F N O U X E A E J I
K L D N A W F U A P
F I R N E Z T A R K
X V E R R E G N E T
C E H B M B N Y K A
H P D L K R E I D E
M E G E T A R T S Y

AUFWAND, FLOCKE, GRÜN, HERD, KRATZEN, KREIDE, LIVE, NAGEN, STRATEGE, VERREGNET, WEIß, ZEBRA

PUZZLE #45

A	U	D	V	S	N	M	I	X	T
P	B	M	J	Q	M	J	R	S	F
F	I	N	A	N	Z	E	N	G	N
L	S	E	I	F	E	W	X	X	Y
M	E	B	A	U	S	A	T	Z	N
G	N	U	D	L	I	B	B	A	L
U	N	A	Z	U	H	A	U	S	E
L	I	R	K	A	H	R	E	F	G
F	P	E	J	R	D	T	F	G	N
J	S	B	I	G	M	E	K	K	A

ABBILDUNG, ANGELN, BART, BAUSATZ, BERAUBEN, FINANZEN, FLUG, GRAU, MEKKA, SEIFE, SPINNE, ZUHAUSE

PUZZLE #46

X	K	E	T	T	T	H	C	I	N
E	E	L	G	L	Ä	V	K	B	V
V	M	K	E	N	Ü	S	S	E	G
M	H	A	D	E	I	U	V	W	C
U	T	L	G	F	R	E	V	K	D
A	E	N	X	I	H	K	T	I	M
R	R	D	Y	E	E	R	E	S	S
T	A	V	D	R	D	E	K	U	O
B	A	O	Z	T	Q	W	A	M	Q
D	H	J	M	S	O	S	P	U	R

HAARE, HÄNDLER, MAGIE, MUSIK, NICHT, NÜSSE, PAKET, SPUR, STEIN, STREIFEN, TRAUM, WERKE

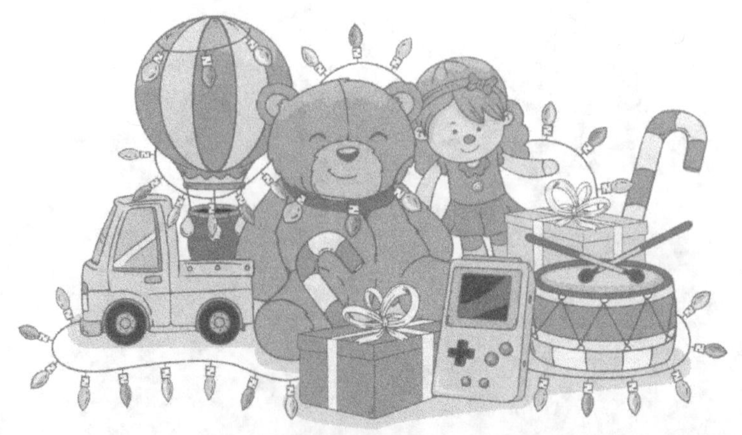

PUZZLE #47

H	K	K	Y	V	Z	P	X	S	M
O	O	T	T	U	S	N	C	L	A
W	P	G	C	P	A	H	A	L	S
A	I	K	P	F	Ü	T	Z	E	I
V	E	R	S	T	E	C	K	T	L
R	G	I	T	H	C	I	S	M	U
M	W	E	G	N	E	H	M	E	N
O	L	X	R	H	C	I	O	Q	S
N	A	P	E	O	Y	Z	C	H	U
D	O	K	U	M	E	N	T	K	L

DOKUMENT, HALS, HOHL, KOPIE, MOND, NAP, PFÜTZE, SCHÜTTELN, UMSICHTIG, VERSTECKT, WEGNEHMEN, ZUCKER

PUZZLE #48

```
I  V  L  O  N  B  K  O  M  J
L  E  B  Ö  M  O  L  A  A  K
G  R  O  B  C  K  T  A  S  D
W  H  E  H  A  R  D  P  T  X
C  I  E  H  A  B  Q  A  U  T
P  N  K  T  T  T  Y  L  E  F
L  D  Z  V  H  N  H  C  D  E
L  E  N  R  E  K  A  C  E  V
X  R  E  L  L  E  K  P  B  X
C  N  I  E  S  E  N  J  Y  N
```

BABY, BEDEUTSAM, BLATT, GROB, KELLER, KERNEL, KOCHEN, MATRATZE, MÖBEL, NIESEN, PANTHER, VERHINDERN

PUZZLE #49

E	É	P	É	D	M	S	M	E	Z		
R	S	T	R	O	H	H	A	L	M		
E	C	S	P	L	I	T	T	E	R		
I	H	J	E	D	C	T	S	I	E		
R	R	I	V	R	E	X	R	B	T		
R	A	O	K	R	D	Z	U	G	T		
A	N	V	R	L	K	A	D	S	U		
B	K	I	I	I	W	M	E	E	B		
E	E	B	P	S	Y	P	G	H	Y		
R	T	X	Y	G	H	N	Y	J	A		

ADRESSE, BARRIERE, BILD, BUTTER, DÉPÉE, DURST, ICE, SCHRANK, SPLITTER, STROHHALM, TERRIER, VON

PUZZLE #50

S	R	O	S	É	D	G	K	I	P
A	H	A	R	T	M	U	M	V	P
L	H	G	B	W	C	A	F	P	W
G	N	U	R	H	Ä	W	R	Y	Z
N	R	F	E	I	C	I	E	Q	O
R	E	N	P	R	M	A	E	P	Y
E	D	W	N	Ä	H	A	N	M	R
F	N	G	R	A	W	Ö	S	R	C
G	Ä	I	Q	M	D	O	R	S	O
Q	V	T	D	Î	N	E	T	T	E

ÄNDERN, DANN, DÎNETTE, FERNGLAS, GRIMASSE, HART, KUCHEN, NACHBAR, PRIMÄR, RÖHRE, ROSÉ, WÄHRUNG

PUZZLE #51

E M E L E M Y A S L
G G E B Ä R E N R B
Y N E T P Y G Ä E G
R U X O K S E Z I V
I Z S S O L H C S Z
E I Q T E B Ö J E B
C E N H T S S W N O
H H R M O D Ä T E V
E E K C E D O K V B
N E H C S I M E D Y

ÄGYPTEN, BEWÖLKT, DECKE, GEBÄREN, HEIZUNG, KÄSE, LEHREN, MISCHEN, OBST, REISEN, RIECHEN, SCHLOSS

PUZZLE #52

```
J W E N E D N E E B
G B I R N E E B D N
N E R E I L G N O J
E E D O E Y R G L M
G K I T M A O A F P
A R N D H B M R Q R
J A S C H W E I N F
M B O V S U F E T C
V B L X N Y D E R X
O E C D P L A T T E
```

BEENDEN, BIRNE, BROMBEERE, FREUND, JAGEN, JONGLIEREN, KRABBE, MANTEL, MORGEN, NEID, PLATTE, SCHWEIN

PUZZLE #53

O	Y	R	A	L	R	R	V	A	O
N	Z	R	W	I	E	D	E	R	P
O	R	R	K	K	F	F	R	A	P
I	A	S	E	Ü	J	E	Ä	A	U
S	U	O	H	Z	T	S	R	X	Y
U	P	L	H	L	T	T	G	Z	D
F	E	I	Ä	A	E	A	E	T	W
N	Y	D	P	I	Z	X	R	K	O
I	B	E	I	N	E	R	T	K	C
F	L	U	G	Z	E	U	G	C	P

ÄLTER, BEINE, FLUGZEUG, FÜHLEN, INFUSION, KRATZER, PARTEI, RAUPE, SOLIDE, STAPEL, VERÄRGERT, WIEDER

PUZZLE #54

N	C	J	C	S	N	Q	P	Z	K
N	W	H	S	Y	R	A	I	E	G
E	T	R	A	K	T	O	R	E	E
H	H	P	R	V	S	D	Ü	N	N
E	C	F	R	S	L	R	E	I	A
I	I	G	S	R	S	I	E	D	R
Z	W	G	R	V	B	A	E	R	X
S	E	M	O	T	I	O	N	A	L
U	G	A	R	T	E	N	D	S	T
A	U	S	F	Ü	L	L	E	N	B

AN, AUSFÜLLEN, AUSZIEHEN, BIENE, DÜNN, EMOTIONAL, ENDE, GARTEN, GEWICHT, NASS, SARDINE, TRAKTOR

PUZZLE #55

T B Q C M W W R H E
R O T K A E R B D R
E R L T L E I Q X C
T F F I F T I T E L
S D B E T G H Z G M
I N I E B N E F L E
E K O L I V E N Ö L
M I A G A R A G E I
G S B M L U M B C D
S E T Z E N B D I H

BITTE, BLASS, ELFENBEIN, GARAGE,
KIEFER, LAUB, MAL, MEISTER, OLIVENÖL,
REAKTOR, SETZEN, TITEL

PUZZLE #56

```
T V F J H C R O T S
G T G L K K K R B N
E T I L E D O J P O
U X T O S C F A E Z
L Z Ö N K Ä D F N N
T C N E R D S Ä D W
C P N B E O Y R E Y
X O U L N N H B L T
M N N A M E H E D K
G Y V C T U A N U J
```

EHEMANN, ELITE, FÄRBEN, FÄRBUNG, HORN, NEU, PADDELN, PENDEL, PONY, STORCH, TROCKEN, UNNÖTIG

PUZZLE #57

```
G U U G O C O L P U
I E I O J M K V T W
T K Q U N R B H L U
R S Y B A B E U W Y
A A S D B X K R B Q
ß M I Ä E U R R V M
O O I E L E A I L Z
R U V E T Y T K D P
G N L L C O S A K V
Z E A S T E R N U V
```

ALTER, BABYS, BANJO, GROßARTIG, HEXE, HURRIKAN, LÄSST, MASKE, RADIO, STARK, STERN, UKULELE

PUZZLE #58

U W J R O C K T G Q
G I J Q A D Ö Z N T
K O B O L D N V K F
H J N E H E I Z M U
P R V D A B G T Z L
S E I L Z I I P T B
W T A A Z S N A E J
W T V W N E P P A L
A U S T A U S C H D
Z M P R G U W K H K

AUSTAUSCH, BAD, GANZZAHL, JEANS, KOBOLD, KÖNIGIN, LAPPEN, LUFT, MUTTER, ROCK, SEIL, UMZIEHEN

PUZZLE #59

N	O	I	S	N	E	Z	E	R	B
T	E	K	C	Ü	R	B	X	B	E
H	G	R	I	K	O	S	T	E	N
N	E	I	A	J	S	C	R	M	Z
A	A	N	D	J	A	H	A	E	I
Y	A	L	E	N	I	N	O	R	N
L	R	F	R	R	E	A	E	K	K
T	F	Q	S	G	Q	B	L	E	A
E	E	C	X	W	A	E	E	N	W
P	H	V	L	R	E	L	H	L	N

BAR, BEMERKEN, BENZIN, BRÜCKE, EXTRA, HIRSCH, KANAL, KOSTEN, LEBENDIG, REZENSION, ROSA, SCHNABEL

PUZZLE #60

K Z Z C C X M V L H
U S O P R E D O L R
S C H W I M M B A D
C C S S P B R V F B
H B H A T S A I N J
E S L A M E H E U L
L Y L D T E I C H J
N Ö H C S T I E W X
T K C Ü R R E V K Y
G C M U W W Z N F W

EHEMALS, HAT, KUSCHELN, ODER, RIP, SCHATTEN, SCHÖN, SCHWIMMBAD, TEICH, UNFALL, VERRÜCKT, WEIT

PUZZLE #61

C	S	N	Z	G	W	O	L	F	Y		
R	S	K	L	P	J	V	A	Z	T		
N	P	L	L	A	M	K	N	E	D		
T	R	A	G	E	N	G	D	G	G		
G	N	E	F	A	R	T	S	E	B		
E	M	G	N	Y	U	O	C	W	E		
H	P	H	C	N	L	C	H	E	Z		
E	O	M	N	D	E	J	A	H	I		
N	Z	B	A	N	K	N	F	R	R		
V	P	T	O	R	H	L	T	V	K		

BANK, BESTRAFEN, BEZIRK, DENKMAL, GEHEN, GEWEHR, LANDSCHAFT, RAMPE, RENNEN, SOLDAT, TRAGEN, WOLF

PUZZLE #62

R	G	H	E	D	U	Ä	B	E	G
P	D	A	Z	G	S	J	E	T	A
Z	Q	P	P	I	G	S	F	O	N
G	T	Z	A	H	N	A	R	Z	T
J	G	Z	J	P	H	E	L	O	W
G	O	B	I	R	P	K	B	F	O
B	V	R	Z	L	W	E	T	O	R
E	S	E	D	N	I	E	F	C	T
S	U	L	P	A	F	M	J	D	J
G	A	Q	W	K	N	C	W	L	A

ANTWORT, FAHRZEUG, FEINDES, FLAGGE, GEBÄUDE, JORDAN, LKW, MILIZ, OBEN, PAPPE, PLUS, ZAHNARZT

PUZZLE #63

```
D X A G T H I D N A
P G S Y T G N P R N
H O C H Z I E H E N
J E H J U P M P G E
B D L P X S A B R G
Ü B U N G R S Ü Ä N
Q N C Y K B T Q R I
M O K I S S E N E W
L L E N H C S B V Z
L A N D W I R T K D
```

GIPS, HOCHZIEHEN, KISSEN, LANDWIRT, PARK, SAMEN, SCHLUCKEN, SCHNELL, TÜR, ÜBUNG, VERÄRGERN, ZWINGEN

PUZZLE #64

L	N	E	F	U	R	F	U	A	L
F	L	U	S	S	J	T	E	I	L
N	E	G	I	E	T	S	S	U	A
F	K	R	G	E	S	I	C	H	T
I	C	O	D	O	J	R	Q	M	Q
N	A	Q	N	B	O	L	H	U	P
I	W	E	T	T	E	S	L	Ü	H
U	G	H	I	P	P	E	R	K	P
K	I	R	S	C	H	E	R	N	I
L	R	F	V	R	E	Z	M	E	Q

AUFRUFEN, AUSSTEIGEN, ERDBEERE, FLUSS, GENOSSE, GESICHT, HIPPE, HÜLSE, KIRSCHE, PÜREE, TEIL, WACKELN

PUZZLE #65

O U P V B N P K J W
N E T N U S R T A E
R E G L I P E L L I
E N E K C A B E G N
T T Q I Q F I N O T
L G N M P V L N Q R
U C H E V S A I X A
H C U A L B O N K U
C N G L I N K S H B
S U T L A W E G P E

ENTE, GEBACKEN, GEWALT, KNOBLAUCH, LIBANON, LINKS, PILGER, SCHULTERN, UNTEN, VIELE, WAL, WEINTRAUBE

PUZZLE #66

```
E D A L T L A H N I
O W Q G F V O H A A
W L U E O T I U C K
G G A F U J F H H I
E N R A Z W R C F R
B E I H Ä V E S O T
O S U R O D I D B L
R S M A A L T N E B
E E D N I R A A N H
N E G L O F G H V A
```

AQUARIUM, AUFWÄRMEN, AUTO, ESSEN, FOLGEN, FREITAG, GEBOREN, GEFAHR, HANDSCHUH, INHALT, NACH OBEN, RINDE

PUZZLE #67

N	E	H	C	O	R	B	E	G	N
E	Z	M	E	B	H	U	M	M	Z
S	H	I	Z	B	A	L	K	O	N
S	X	C	A	T	W	R	O	N	E
E	C	U	I	N	I	O	N	O	H
D	M	T	U	E	C	U	S	T	Ä
N	B	I	G	I	H	X	O	U	N
E	M	Y	I	T	T	U	M	A	R
B	C	E	V	A	I	P	M	F	E
A	Y	I	T	P	G	G	É	O	V

ABENDESSEN, AUTONOM, BALKON, BAUM, EICHE, GEBROCHEN, KONSOMMÉ, KRIEG, PATIENT, ROUX, VERNÄHEN, WICHTIG

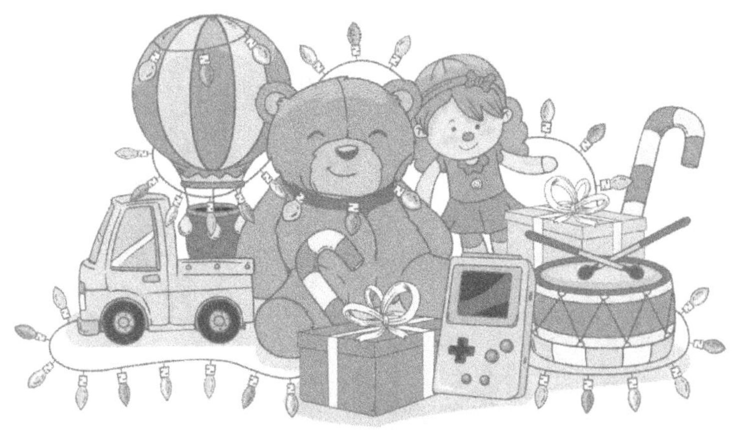

PUZZLE #68

T	Z	N	A	W	H	C	S	Q	M
R	D	J	Q	Q	O	P	U	L	T
A	H	U	Z	U	J	A	A	W	K
J	E	H	C	Ü	K	Z	H	N	A
P	S	H	P	Y	J	A	M	A	S
I	O	E	F	M	F	X	E	I	S
B	R	I	E	F	M	A	R	K	E
O	T	M	I	Q	A	P	E	W	T
X	A	E	R	C	U	A	E	T	T
G	M	R	B	G	S	G	L	F	E

BRIEF, BRIEFMARKE, COUCH, EIMER, HAUS, KASSETTE, KÜCHE, LEER, MATROSE, MAUS, PYJAMAS, SCHWANZ

PUZZLE #69

I	N	E	T	A	P	P	E	A	A		
F	B	Y	N	L	I	S	G	M	T		
P	R	D	E	G	E	P	R	S	B		
W	E	F	F	A	R	I	G	M	E		
J	H	A	I	R	F	E	P	T	H		
D	C	U	E	N	Y	L	S	S	V		
T	Ö	S	R	E	I	E	W	B	H		
A	L	T	D	L	B	N	F	U	Q		
U	W	X	Z	E	T	U	N	I	M		
F	N	S	S	K	O	D	Q	I	Z		

BESTE, ETAPPE, FAUST, FIRMA, GARNELE, GIRAFFE, HUND, LÖCHER, MINUTE, REIFEN, SPIELEN, SPIELT

PUZZLE #70

G	B	D	E	L	O	S	N	O	K		
E	R	G	R	I	L	L	E	N	C		
W	O	S	A	L	Z	L	T	E	G		
O	K	T	M	E	D	R	T	G	C		
H	N	E	A	I	O	D	I	A	I		
N	E	H	C	Z	T	Ä	L	W	V		
H	R	L	H	J	D	N	H	A	C		
E	A	E	E	X	F	J	C	F	W		
I	W	N	N	Y	X	Q	S	H	F		
T	Q	U	B	B	B	B	H	A	L	U	

GEWOHNHEIT, GRILLEN, KONSOLE, LÄTZCHEN, MACHEN, SALZ, SCHLITTEN, STEHLEN, TOD, WAGEN, WALD, WARENKORB

PUZZLE #71

```
K R E W F U A L P Y
N E G E L F U A M Y
E L L I R B P T L S
D H A R K E N D N Q
N E S S A L T N E J
E F J P F E I F E V
H P M N I C K Z X C
E P Z I C K Z A C K
T I B J P E R S O N
S T M U T N E G I E
```

AUFLEGEN, BRILLE, EIGENTUM, ENTLASSEN, HARKEN, LAUFWERK, LECKEN, PERSON, PFEIFE, STEHEND, TIPPFEHLER, ZICKZACK

PUZZLE #72

J	S	U	G	B	H	P	S	L	P
O	P	Y	U	Ä	X	I	E	I	U
I	I	S	M	V	R	O	F	E	N
G	E	R	I	O	L	T	G	B	K
G	L	T	A	R	T	I	N	E	T
M	Z	E	L	H	Ö	H	K	E	P
N	E	L	H	A	R	T	S	B	R
O	U	S	E	N	Ä	R	T	D	V
W	G	G	S	G	E	Y	J	V	G
U	N	I	Y	E	T	I	E	W	Z

GÄRTNER, HÖHLE, LIEBE, MESSE, OFEN, PUNKT, SPIELZEUG, STRAHLEN, TARTINE, TRÄNE, VORHANG, ZWEITE

PUZZLE #73

S	O	P	O	B	W	R	P	X	H
N	E	H	C	S	Ö	L	F	K	B
E	D	I	E	N	S	T	A	G	E
R	Y	F	S	P	A	T	Z	Y	G
E	Q	K	L	W	L	C	T	M	R
I	I	F	I	R	Ü	J	L	A	A
L	G	U	E	Z	K	R	E	W	B
R	U	I	F	U	E	H	F	X	E
E	M	R	P	Z	Ä	H	L	E	N
V	S	K	A	R	D	I	N	A	L

BEGRABEN, DIENSTAG, EISWÜRFEL, KARDINAL, LÖSCHEN, MIE, PFEIL, SKI, SPATZ, VERLIEREN, WERKZEUG, ZÄHLEN

PUZZLE #74

```
W K H M H Z E N P N
Y C J Z P O K A L I
Q A T L A H S U A H
K M R G F S X G Ö P
X H O O I F O W E L
R C W E N N V Y A E
P S R A C I Ö W A D
N E N Ä R T I K F B
N G M C I N E B E G
E G B N E N F F Ö K
```

DELPHIN, GEBEN, GESCHMACK, HAUSHALT, KÖNIG, LAWINE, ÖFFNEN, ÖL, PASSIEREN, POKAL, TRÄNEN, WORT

PUZZLE #75

Z	I	I	A	S	R	F	K	P	S
F	K	U	R	E	H	C	S	I	F
I	K	R	Y	A	K	T	I	V	R
I	A	L	L	E	I	N	U	D	I
F	N	V	K	M	P	E	R	N	E
S	S	T	M	A	F	M	J	A	D
K	D	U	F	Q	C	H	A	R	L
C	N	E	D	A	L	H	B	L	I
G	I	R	E	I	G	U	E	N	C
D	U	R	Z	R	F	Z	X	L	H

A, AKTIV, ALLEIN, FISCHER, FRIEDLICH, KACHEL, LADEN, LAMPE, NEUGIERIG, RAND, STIMMUNG, TUN

PUZZLE #76

<pre>
D R E D U R B V F Q
Z A N W E N D U N G
P V P I L K A N A O
Y S B T L T F R S L
U E E G B I P E B Q
A F Q K O K E T T W
L J J G G H T S A W
H I M M E L U E C X
C L F Q N H O G R P
S Q S K C Ü R U Z X
</pre>

ANWENDUNG, BRUDER, ELLBOGEN, GESTERN, HIMMEL, KOKETT, LOG, PFAD, REIBE, ROUTE, SCHLAU, ZURÜCK

PUZZLE #77

Q	B	Z	T	P	I	P	S	H	L
V	G	Z	H	L	R	B	A	W	C
W	Ä	S	C	H	E	L	D	W	I
J	H	D	I	I	S	S	N	A	J
Q	N	X	W	K	H	B	N	D	N
H	E	Z	E	U	G	E	B	I	A
K	N	T	S	T	F	R	A	E	D
Q	T	Y	Ö	P	A	U	G	E	N
E	I	Q	B	U	D	G	E	T	A
A	G	T	N	A	F	E	L	E	P

AUGEN, BÖSEWICHT, BRAUN, BUDGET, EAR, ELEFANT, GÄHNEN, HALSKETTE, INSEL, PANDA, WÄSCHE, ZEUGE

PUZZLE #78

```
C S W N E L I E T X
V C B E Q P X M H O
T H Y H H Y Y I O R
F U W C E T M Y C G
Y L I S V O M A K X
X E R I W E A Ü E X
R E K W R R K T N D
F M Q B L E I B E N
B A K A N T H B Q U
L I B A T S N I J R
```

ABWISCHEN, BLEIBEN, FERSE, HOCKEN, INSTABIL, KAMM, KÜKEN, REICH, RUND, SCHULE, STEREOTYP, TEILEN

PUZZLE #79

```
C Y E H C A R P S W
L M B L T S B R E H
T U C M A S U A R G
G N K I R H U N O E
V F S Z E W C T T P
U O H D B O A S A Ä
N E N H E L B A T C
L Y L M I K O Q K K
J J V K F E O U I D
S U C A T L T X D C
```

ABLEHNEN, ANT, BOOT, DIKTATOR, FIEBER, GEPÄCK, GRAUSAM, HERBST, SAISON, SCHALE, SPRACHE, WOLKE

PUZZLE #80

```
S I P W X K A S L Q
L K Z Z X Z K A B B
A P R I K O S E L R
H M D R L A G E Ä V
C S J Y A I G D T E
S U M G E B E N T I
B E I ß E N E A E T
H L E S N I P S R S
D N K A M P A G N E
S T I V X C P I Q B
```

APRIKOSE, BEGIEßEN, BEIßEN, BESTIE, BLÄTTERN, GELB, KAMPAGNE, PINSEL, RABE, SAND, SCHAL, UMGEBEN

PUZZLE #81

```
N M J N J D G W A R
A H E R Z V L O X O
A Q E R T E Ü H B D
K P I O I R C N L I
E I E C S K K M O R
C S H K T A L O T R
X T C E P U I B R O
B E A N U F C I O K
W D S P A E H L D B
E D K K H N A Z W A
```

DORT, GLÜCKLICH, HAUPTSITZ, HERZ, KORK, KORRIDOR, LEICHT, PISTE, ROCKEN, SACHE, VERKAUFEN, WOHNMOBIL

PUZZLE #82

```
O N E L H A Z H G W
B E V O R Z U G E N
U H I N T E R K O Z
S C H W E S T E R I
R U P V Y C O T B R
R A H M E N W E R K
E R N Ä H R E N W U
J B O Y A G E N T S
A F D A R R O T O M
X C B R E H C U A R
```

AGENT, BEVORZUGEN, BRAUCHEN, ENOR, ERNÄHREN, HINTER, MOTORRAD, RAHMENWERK, RAUCHER, SCHWESTER, ZAHLEN, ZIRKUS

PUZZLE #83

```
A O S K T G S B H H
D H C S I E L F C L
U Q H P C E N G C T
T R L A K H O G E R
P E A B E C Y R W H
N B F R T R B U A A
X L E K N I W N N F
L M N I G K K Z G S
U W C G D A E E S U
J A H R Z E H N T A
```

ANGST, AUSFAHRT, BEIDE, FLEISCH, GRUNZEN, JAHRZEHNT, KIRCHE, OGER, SCHLAFEN, SPAß, TICKET, WINKEL

PUZZLE #84

```
Q B E T T D E C K E
F S C H I N K E N B
I T W E N H H H I A
B R E I E L H C S N
D O P Q H C A Z B B
A M P C C O S A A L
A M E R E T S N E F
C E R M R A A P Y T
A L T W P A R F Ü M
D X W I S R K T U S
```

BETTDECKE, FENSTER, NABE, PAAR, PARFÜM, SAH, SCHINKEN, SCHLEIER, SINK, SPRECHEN, TREPPE, TROMMEL

PUZZLE #85

A	G	A	N	O	R	A	K	N	V
F	T	K	X	G	J	R	N	G	M
V	R	U	Z	S	A	R	E	B	Ü
T	I	N	H	W	E	M	L	B	L
O	K	S	A	U	Ü	E	E	I	L
R	O	T	A	T	S	R	G	Y	E
T	T	R	L	E	L	E	D	Y	I
E	T	I	N	A	L	J	N	T	M
R	C	R	U	Q	T	O	A	E	E
H	O	F	B	N	X	B	H	U	R

ANORAK, BOJE, GEMÜTLICH, HANDGELENK, IGEL, KRAWATTE, LESEN, MÜLLEIMER, TORTE, TRAUERN, TRIKOT, ÜBERLAUF

PUZZLE #86

K	A	S	T	E	N	N	N	J	N	R
R	S	C	H	W	E	I	G	E	N	N
A	K	V	H	K	ß	H	L	I	I	Ü
N	L	Q	Z	Y	I	F	A	R	T	T
I	E	L	X	J	E	N	S	E	Z	
C	O	P	U	D	R	V	O	G	L	
H	D	U	P	N	B	G	G	L	I	
R	N	W	E	U	A	W	H	A	C	
G	Z	R	S	Z	R	T	O	K	H	
E	E	D	V	R	O	T	K	A	F	

ABREIßEN, ALGERIEN, FAKTOR, GLAS, HOLZ, KASTEN, KINO, KRANICH, NULL, NÜTZLICH, SCHWEIGEN, TRUPPEN

PUZZLE #87

```
Y  T  K  S  Q  M  P  L  T  M
X  V  J  R  C  W  P  D  C  A
D  N  A  T  S  E  H  U  R  L
I  E  R  E  L  A  M  N  A  R
P  E  T  E  R  S  I  L  I  E
F  F  I  H  C  S  O  I  A  G
N  A  C  H  A  H  M  E  N  Z
A  C  L  O  W  N  Q  M  N  T
T  A  B  E  L  L  E  A  A  E
G  E  G  E  N  H  T  D  M  M
```

CLOWN, DAME, GEGEN, MALEREI, MANN, METZGER, NACHAHMEN, PETERSILIE, RUHESTAND, SCHIFF, TABELLE, UMSCHLAG

PUZZLE #88

```
M J K S C H L A M M
N A C H T U B Y E R
I H U M C A C G C F
R R D F R U R A A U
J Y Q K B E A T Q U
L C E Q B L O B E Q
A D R E I R A D Q N
Z U G E W I E S E N
M S C H N I T Z E N
M V X Q S N Y S V N
```

AUFBLASEN, BARKE, BAUCH, BERG, DREIRAD, JAHR, KAI, NACHT, SCHLAMM, SCHNITZEN, STARTEN, ZUGEWIESEN

PUZZLE #89

```
X L Y A U S H A N G
D W N Q E C I B E I
F J W R N H N G I E
R D I E T R Z E T ß
I Ö N S D E U D S K
S A T S E I F E E A
E T E A C B Ü C B N
U S R W K E G K R N
R N E K E N E T T E
M O M E N T N W L F
```

ABGEDECKT, AUSHANG, BESTIEN, ENTDECKEN, FRISEUR, GIEßKANNE, HINZUFÜGEN, MOMENT, SCHREIBEN, SERIÖS, WASSER, WINTER

PUZZLE #90

```
N E N T F E R N E N
L I L T Z U N S I A
E N N I R H C A D M
D F N E E O A S Ö U
O R R F Q G T W I S
R I W R U U E P N S
N E A O D R G N Y L
N R M I L I E U D O
E E E W C X S L S P
R N I E M A L S X Q
```

DACHRINNE, EINFRIEREN, ENTFERNEN, LIEGEND, MILIEU, MÖWE, MUSS, NIEMALS, RENNRODELN, RUF, STUDIEN, TIEF

PUZZLE #91

```
C M O G F Y K A F F
H G C V N R E D U R
A V W Y D A O B C M
T U G T A A S D D O
M A N N S C H A F T
M M A W H C S U R O
U D N E S E W B A R
T R M A S T U H E B
N E H C O N K Q W D
L O C H I O B K S Z
```

ABWESEND, BEHUTSAM, CHAT, DORF,
FUßSCHEMEL, KNOCHEN, LOCH,
MANNSCHAFT, MOTOR, RUDERN,
SAATGUT, SCHWAMM

PUZZLE #92

```
X A N S D L M M N F
W T E T T E U G A B
M R F A M S S L G S
E U F M O I R Ü E X
L H A M T E E H L M
K G H R L R V B N H
E O C B U P I I N R
N J S K E K N R A Y
M M Y C J B U N X S
S C H W I M M E N E
```

BAGUETTE, GLÜHBIRNE, JOGHURT, KEKS, MELKEN, NAGELN, PREISE, RAUM, SCHAFFEN, SCHWIMMEN, STAMM, UNIVERSUM

PUZZLE #93

M	A	S	C	H	I	N	E	B	N
U	S	C	H	L	Ü	S	S	E	L
S	C	H	O	T	V	Q	M	F	D
K	H	L	V	K	F	M	P	B	M
E	W	Ä	D	K	Ä	O	J	R	L
L	E	G	W	K	T	Q	U	E	U
N	R	E	D	N	E	Z	T	I	S
R	F	R	I	M	J	K	I	T	T
T	R	E	I	L	O	P	M	T	I
H	R	I	A	L	C	É	E	T	G

BREIT, ÉCLAIR, EINTOPF, KÄMMEN, LUSTIG, MASCHINE, MUSKELN, POLIERT, SCHLÄGEREI, SCHLÜSSEL, SCHWER, SITZEND

PUZZLE #94

E	T	F	L	Ä	H	W	E	I	D
G	U	P	I	E	B	A	Y	L	U
A	N	A	N	E	G	N	I	R	B
T	N	R	U	E	A	P	Y	W	F
R	E	K	P	U	F	F	E	R	E
E	L	P	B	E	P	R	R	F	K
I	L	L	A	T	E	M	E	J	T
E	T	A	R	A	P	E	S	W	U
F	E	T	T	O	R	A	K	T	C
P	C	Z	N	A	T	D	O	Z	F

BRINGEN, DIE HÄLFTE, FEIERTAGE, HEN, KAROTTE, METALL, PARKPLATZ, PUFFER, SEPARATE, TANZ, TUNNEL, WERFEN

PUZZLE #95

S	Z	K	P	I	S	Z	F	K	B		
C	U	M	A	R	M	E	N	S	E		
H	S	N	E	G	A	L	H	C	S		
N	A	D	G	A	L	E	T	T	E		
A	M	D	N	A	T	S	R	O	V		
R	M	K	A	H	B	Z	J	Y	Q		
C	E	D	L	A	U	F	Z	U	G		
H	N	H	H	S	H	H	N	I	O		
E	T	H	C	I	H	C	S	E	G		
N	N	E	S	S	I	M	R	E	V		

AUFZUG, GALETTE, GESCHICHTE, HUHN, KUH, SCHLAGEN, SCHLANGE, SCHNARCHEN, UMARMEN, VERMISSEN, VORSTAND, ZUSAMMEN

PUZZLE #96

L O V O R F E L D Y
S P E R R I G Q F T
C J R E E E M U L B
H X P T L R E B Ü R
I U F A H E M C G E
M Y Ä V Ä K U H E G
P O N K Z C A R L E
F C D H C I L M Ä N
E I E F C T F K O W
N K N W P S P C N U

BLUME, FLÜGEL, NÄMLICH, PFLAUME, REGEN, SCHIMPFEN, SPERRIG, STICKEREI, VATER, VERPFÄNDEN, VORFELD, ZÄHLER

PUZZLE #97

G	O	C	A	H	C	V	R	Y	Z
S	B	V	Q	F	Ü	R	S	T	P
S	O	E	M	O	L	P	I	D	Q
U	I	R	M	E	F	Z	B	Y	E
N	O	L	T	E	E	N	R	G	I
L	R	A	H	I	R	R	Ü	A	N
E	J	S	H	S	E	K	K	F	T
S	D	S	N	K	P	R	U	G	R
A	G	E	H	C	O	W	E	N	A
H	D	N	A	B	M	R	A	N	G

ARMBAND, BEMERKUNG, DIPLOME, EINTRAG, FÜNF, FÜRST, HASELNUSS, KÜRBIS, MEER, SORTIEREN, VERLASSEN, WOCHE

PUZZLE #98

R	E	F	F	O	K	E	T	M	K		
O	L	E	S	T	Ä	R	S	E	H		
N	O	Z	J	F	J	H	H	N	W		
H	H	T	L	O	E	Ä	C	S	E		
A	R	I	W	H	M	F	Ä	C	W		
Y	E	P	G	N	A	L	N	H	O		
N	D	S	C	H	I	M	M	E	L		
W	E	O	G	A	Ü	H	E	N	L		
G	I	E	P	B	N	R	D	D	E		
M	W	I	R	S	Y	I	F	A	N		

BAHNHOF, DEMNÄCHST, FÄHRE, FRÜH, KOFFER, LANG, MENSCHEN, RÄTSEL, SCHIMMEL, SPITZE, WIEDERHOLE, WOLLEN

PUZZLE #99

U	S	M	E	T	F	H	E	G	B
M	U	A	E	T	F	A	B	I	A
E	M	T	T	I	O	N	L	Z	N
S	S	R	E	N	T	D	E	T	D
Ä	I	A	B	H	S	F	S	U	E
N	S	U	A	C	B	P	E	M	R
O	S	R	H	S	E	E	I	H	O
J	A	I	P	B	L	E	D	C	L
A	R	G	L	A	K	G	N	S	E
M	Z	R	A	W	H	C	S	P	M

ABSCHNITT, ALPHABET, BANDEROLE, BILDSCHIRM, DIESELBE, HAND, KLEBSTOFF, MAJONÄSE, RASSISMUS, SCHMUTZIG, SCHWARZ, TRAURIG

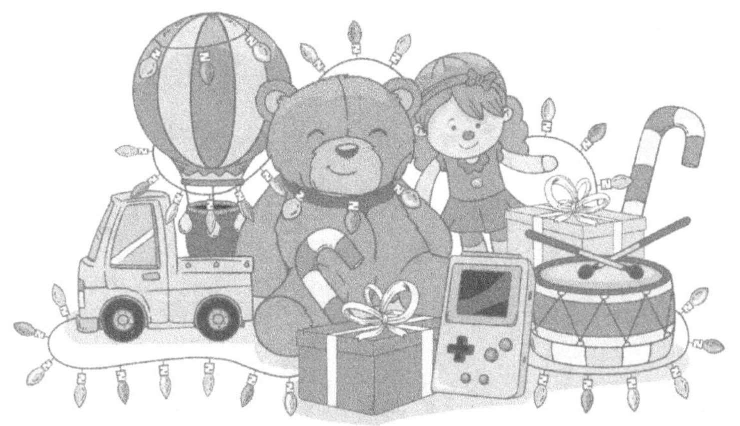

PUZZLE #100

```
R H O R F L I H C S
E R Ä N O I T A T S
G N U L L E T S E B
R F L U G H A F E N
A U F G E G E B E N
A U G E N B R A U E
Q E I S E N E R Ö H
G N U T S Ü R S U A
E T Ä T I Z A P A K
L A B T E I L U N G
```

ABTEILUNG, AUFGEGEBEN, AUGENBRAUE, AUSRÜSTUNG, BESTELLUNG, FLUGHAFEN, FOLGEN SIE, HÖREN SIE, KAPAZITÄT, SCHILFROHR, STATIONÄR

PUZZLE #1

N	E	M	U	A	D	D		
E	Z	A	H	N	I			
Z		F	L	E	X	I	B	E	L
L			L	M	E	L	O	N	E
E		K		M		S			
T		K		O			I		
S	P	U	C	K	E	N		E	
		S	E	N	F	A	C	E	W
		S		A	N	K	E	R	

PUZZLE #2

R								
G	E	S	Ä	ß				
		I						
	N	O	H	P	O	L	Y	X
T	G	U	M	E				
P	E	I	T	S	C	H	E	
O	I	I		Z	I	E	G	E
R		N			L		V	
K	Ü					O	O	Z
S		B			R		S	

PUZZLE #3

				L				
		T	Ö	T	E	N		
		S	U	N	I	M		
M				D			N	
	E	Z	U	N	E	H	M	E	N
		I		S	N	T		B	B
	P	A	N	T	O	F	F	E	L
	H	U	M	P		N		I	O
		F				N	S	N	
		G	E	M	Ü	S	E	D	

PUZZLE #4

							M	
A	K	S		B	V	F	M	
B	N		P		R	A	T	T	E
H	O			I	L	U	S	
O	S		E		E		T	E	H
L	P	D			L	I	A	C	
E	E	R	H	A	L	T	E	N	L
N						T		I	
	P	O	R	T	U	G	A	L	M
					D			

PUZZLE #5

							Z	
							I	
				E	L	U	E	
N	E	H	Ä	N			G	
M			H		M	V		R	
A		O		F	R	E	C	H	
G	B		I	A	A	N		E	
I		C		S	J	U	N	G	
N	E	K	A	H	T		S	
R								

PUZZLE #6

					D			
	Z	E	I	T	U	N	G	E	N
	E	A	I	N	A	D	R	O	J
D	S	E		B	E			
U	T	K	S			G		
S	E	L					O	
C	A	I		O				B	
H	K	N		R	H	U		
E		G	I	T	F	R	Ü	D
T	P	E	Z	E	R			

PUZZLE #7

	N	K	B					
	H		A		L			
Ö	T	L	M	P	U	P	P	E
	S		O		E		T	N
	C		R		T	I	E	Z
	H	G	I	F	Ä	K	S	T	N
	E		E			S		Ö	N
	N		N		E		R	I
			M	D	I	C	K	K

PUZZLE #8

				S				
			E					
	D	F	I					
	N	T	O	R	C	I	M	
N	E	G	Ü	R	T	E	B	
E	B		E		M			G
M	A	B	H	C	S	U	B	A
T	Ü	L	Ä	C	H	E	L	N
A	U	G	E			L		A
			P	E	R	L	E	R

PUZZLE #9

		S	P	R	E	C	H	E	R
	Ü				B	R	O	T	A
ß		R	E	K	C	E	W		U
		A	L	B	U	M		C
		K	U	R	S	M		H
		P		S	U	C	H	E
V	O	G	E	L	D	N	A	W	N

PUZZLE #10

				N				
		T	E					
	N		K	U				
	E		N	F		L		H
N	R	I		F			P	C	N
E	R		H	O	N	L	U	E
T	E	N	E	T	L	A	H	E	B
L	P		I	S	L	C	C	O
A	S		ß		A			K	K
F	R	Ö	H	L	I	C	H		T

PUZZLE #11

							A	
	É	F	A	C		R	K	N
		R	Ä	B	E	L		Z
		U	Z	T	E		D	E
S		W	I	I	E		E	I
I		E	L	D	N	M		N	G
E	R		U	H			M	K	E
G		N	A		B	O	D	E	N
E	G	S	M				N	R
L								

PUZZLE #12

		W	A	S	C	H	E	N
E			F		I		O	
D		F	N		E	T		
R	E			R	R	I		S
E	I	S		N	E	P	P	I	T
B	E			R	H	G		R
	A	T	E	T	C		R	A
	D	N	U	M	S		Ä	ß
		A	D		Ä			E
	H			W				

PUZZLE #13

PUZZLE #14

PUZZLE #15

PUZZLE #16

PUZZLE #17

PUZZLE #18

PUZZLE #19

PUZZLE #20

PUZZLE #21

PUZZLE #22

PUZZLE #23

PUZZLE #24

PUZZLE #25

```
  N E B A R G     S
R E M M Ü R T   T
  G N A G D N U R
  U         B D H
  E M O D E L L E
  Z       N R H   N Z
  R     T M A I L Ö
  E           T L   H
              E F   C
F I N D E N E     S
```

PUZZLE #26

```
    R             S
D   E   S       C
  R B I E       H
    E T Ü G L
N H L H     I
E     L   ß M N E R Ö H
L       E T S E U E N
E N U R         N
H                 Ü
```

PUZZLE #27

```
                  A
    T H           U
  S N A G         S
  P     L G       W
  O E T S U R K Ä
  R V E R D R E H T
  T   N U       E L I
F I S C H       F E E
U N S I N N     N R
        G           E
```

PUZZLE #28

```
    T F F I R G N A
    O Ä           O F
    B   R L   M T A
  S E   N E M E I R
  C G   E F G D Z B
  H N K H E   I B E
  N A R C I   U U
  I   O D T   M C
  T   N Ä S     H
  T H E M A
```

PUZZLE #29

```
H M A R M E L A D E
  C       B E     N
  G A     Ü K     E
  E N F   R N     B
S R R   N J U N G E
T I E K G I D Ü M G
O C B   T R E     N
C H B F     O     I
K T A       ß   E
  S S
```

PUZZLE #30

```
    H   F   S
    C   A C     W E
Z I     Z H O T E L
E L     W U R   I I
I R     I B   R N E
T H   H E K     A Z
P Ä   C B A     P D
L F K U E R     F
A E   A L R     E
N G U N T E R   L
```

PUZZLE #31

```
                W   N
E       H     U   L
G F   A D L E R   E
I A L   K     M   H
S L T A   R O T   C
E E   S M   O     I
I N C   M M   B   E
R   G     A E   A R
      E H C S A T T
                    S
```

PUZZLE #32

```
T R H A F B A
  S       R
  K C     U
  L   H   N
  A     N N   Z
N E R H Ü R E B R
H C S Ü L P N C U
D Z I T R O N E K
  A Z T A H C S   E
D N R E T T I Z
```

PUZZLE #33

```
              K
    T   L   V
  R   H I D I E   N
    A N C L Ä N G E
    G K   A L T   K
V E R G E S S E N C
L     E   T   R   I
  F I L Z   E     R
  O   D             T
  X                 S
```

PUZZLE #34

```
        T S
    B I T   H
    G I   U
  F E F   N     N P
  R T   G D D E R F
  A   E N T P E R
    G R A L P S A N
V E R L O S U N G
  T Ä T E R E H C S
S F S
```

PUZZLE #35

```
W N     K
  E B W A H R E N L
  H I U I         G L
  I F L S E       N E
G E T R E I D E I S
N L N E K N A D L S
  S   N     U   L U
  U     A T     I R
  A     S T     W A
                Z K
```

PUZZLE #36

```
S                 A
A C           W   B
U   H   K I W I K
S E N A T O R     R
F G U Z U Ü       A
Ü         F R     T
H     B Ö S E K Z
R E T I E W   L E
E S S A L K     N I
N E H O R D
```

PUZZLE #37

```
V  K           M
   O  O  N        A  B
G  Ü  R  T  E  L     S  I
   P  B  T  G        G  S
   O  A  F  R  S  E  N  C
   U  P  E  D  A  L  I  A  H
B  R     E     R  G  L  O
         D     G     E  F
      N  E  H  E  I  Z  N  A
```

PUZZLE #38

```
                  R
G  L  A  T  T  O     V
E     D     L  W     I
H        L  H  R  I     T
O     E  N  E  B  E  L  I  G
R  N     G  L  F  G  I     R
C     Ä     M     E  E  T
H  J  O  N  I  M  O  D  U
E  R  W  A  C  H  S  E  N  E
N
```

PUZZLE #39

```
               L     B  A
      A  E        N  U
   S  N  S     A  G  F  R
   U  G  E  D  U  E  R  F
   T  O  E     N  H  Ä  U
   A  L     E     E  U  A
   T  A  G        I  M
   S  I  E  R     L  E
   E  B  U  A  T  T  N
```

PUZZLE #40

```
                  S
      N     L     I
S  C  H  A  F  E     N
T     W     F     E  G
U     H     R  G  J  E  S
R     C     Ü  U     N  A
M  I  T  S  F  W  E  N  I  G
      N  E     I  D     E
      I  L     E  N     N
   E        E     D
```

PUZZLE #41

```
M  I  S  C  H  P  U  L  T
            S  O  L  L  T  E
         B  R  E  M  S  E
L  I  S  T  E  S  U  P  P  E
            R  I
   N  E  Z  N  E  R  G  E  B
N  E  D  A  L  N  I  E
      A  B  H  E  B  E  N
         R  E  S  S  E  M
N  E  H  C  S  E  I  D  A  R
```

PUZZLE #42

```
H  A  F  E  N        T  L
Ä  U        E        I  E  N
N  ß     ß     E  F  E
D  E  Ö     Z  P  H
E  R     L  I  E  G  E  N
G  H  H  G  I  R  K
L  L  A  B  Z     S     C
M  L  T  D  A  T  S     E
   B           E
```

PUZZLE #43

```
         P  M
      L  A  U  T  E  T
      L  H  A  M  M  E  R
   E     G     R  P
N  H  E  N     Ä     E  R
S  C  H  U  B  L  A  D  E
E  A  C  N           T
C  D  Ä  H  C  A  N     I
H     L  O           E
S     F  W           L
```

PUZZLE #44

```
   N  A  G  E  N
   R  K  ß
   Ü  C     I
N  O        E
   L  D  N  A  W  F  U  A
F  I  R  N  E  Z  T  A  R  K
   V  E  R  R  E  G  N  E  T
E  H        B
         K  R  E  I  D  E
E  G  E  T  A  R  T  S
```

PUZZLE #45

```
F  I  N  A  N  Z  E  N
   S  E  I  F  E
   E  B  A  U  S  A  T  Z  N
G  N  U  D  L  I  B  B  A  L
U  N  A  Z  U  H  A  U  S  E
L  I  R     A     R        G
F  P  E     R     T        N
   S  B     G  M  E  K  K  A
```

PUZZLE #46

```
            T  H  C  I  N
            Ä
   M     N  Ü  S  S  E
M     A  D  E  I
U     L  G  F     E     K
A  E        I     K  T  I
R  R        E  E  R  E  S
T  A        R     E  K  U
   A        T     W  A  M
   H        S     S  P  U  R
```

PUZZLE #47

```
K           Z        S
O        U        C
P     C        H  A  L  S
   I  K  P  F  Ü  T  Z  E
V  E  R  S  T  E  C  K  T
R  G  I  T  H  C  I  S  M  U
M  W  E  G  N  E  H  M  E  N
O  L              O
N  A  P              H
D  O  K  U  M  E  N  T     L
```

PUZZLE #48

```
V           B  K     M
L  E  B  Ö  M  O  L  A  A
G  R  O  B  C     T  A  S
   H  E  H  A  R        T
   I  E  H  A  B        U  T
N     T  T     Y     E
D  Z        N        D
L  E  N  R  E  K  A     E
R  E  L  L  E  K  P  B
N  I  E  S  E  N
```

PUZZLE #49

PUZZLE #50

PUZZLE #51

PUZZLE #52

PUZZLE #53

PUZZLE #54

PUZZLE #55

PUZZLE #56

PUZZLE #57

PUZZLE #58

PUZZLE #59

PUZZLE #60

PUZZLE #61
```
. . . . W O L F . .
. . . . . A . . . .
. . L A M K N E D .
T R A G E N . D G .
G N E F A R T S E B
E . N . . O C W E .
H P . . N L . H E Z
E . M . D E . A H I
N . B A N K N F R R
. T . R . . T . K .
```

PUZZLE #62
```
. . . E D U Ä B E G
. . . . G . . . . A
. . P . G . F . N .
. . Z A H N A R Z T
J . Z . P H E L . W
. O . I R P K B F O
. . R Z L W E . O R
. S E D N I E F . T
S U L P A . M . . .
G . . . . N . . . .
```

PUZZLE #63
```
. . . . . . . N . .
. . S . . G N . R .
H O C H Z I E H E N
. . H . . P M P G E
. . L . . S A . R G
Ü B U N G R S Ü Ä N
. . C . K . T . R I
. . K I S S E N E W
L L E N H C S . V Z
L A N D W I R T . .
```

PUZZLE #64
```
. N E F U R F U A .
F L U S S . T E I L
N E G I E T S S U A
. K R G E S I C H T
. C . D O . . . . .
. A . N B . . . . P
W E . . E S L Ü H .
. G H I P P E R . .
K I R S C H E R . .
. . . . E . . E . .
```

PUZZLE #65
```
. . . . . . . . . W
N E T N U . . . A E
R E G L I P . L L I
E N E K C A B E G N
T T . . . . . I . O T
L . N . . V . N . R
U . E . . A . . A .
H C U A L B O N K U
C . . L I N K S . B
S . T L A W E G . E
```

PUZZLE #66
```
. A . T L A H N I .
. Q G . . O H A . .
. U E . T . U C . .
G . A F U . F H H .
E N R A . W R C . .
B E I H Ä . E S O .
O S U R . . I D B .
R S M . . . T N E .
E E D N I R A A N .
N E G L O F G H . .
```

PUZZLE #67
```
N E H C O R B E G .
E . . . . . . M . .
S H . . B A L K O N
S . C A T W R O N E
E . U I N I O N O H
D M . . E C U S T Ä
N . . G I H X O U N
E . . T T . M A R .
B . . A I . M . E .
A . . P G . É . V .
```

PUZZLE #68
```
. Z N A W H C S . .
. . . . . O . U . .
. . . . U . . A . K
. E H C Ü K . H . A
. S H P Y J A M A S
. O E F . . . . . S
B R I E F M A R K E
. T M I . A . E . T
. A E R . U . E . T
. M R B . S . L . E
```

PUZZLE #69
```
. E T A P P E . A .
. . N L . S . M . .
R . E G E P R . . .
E F F A R I G . E .
H A I R F E P T . .
C U E N . L S S . .
Ö S R E . E . . H .
L T . L B N . U . .
. . E T U N I M . .
. . . . D . . . . .
```

PUZZLE #70
```
G B . E L O S N O K
E R G R I L L E N .
W O S A L Z . T E .
O K T M . D . T G .
H N E A . O D I A .
N E H C Z T Ä L W .
H R L H . . H A . .
E A E E . . . C . W
I W N N . . S . . .
T . . . . . . . . .
```

PUZZLE #71
```
K R E W F U A L . .
N E G E L F U A . .
E L L I R B . . . .
D H A R K E N . . .
N E S S A L T N E .
E F . P F E I F E .
H P . . . C . . . .
E P Z I C K Z A C K
T I . . P E R S O N
S T M U T N E G I E
```

PUZZLE #72
```
. S . G . . . . L P
. P . Ä . . . . I U
. I . . V R O F E N
. E . . O . T . B K
. L T A R T I N E T
M Z E L H Ö H . E .
N E L H A R T S . R
U S E N Ä R T . . .
G . S G . . . . . .
. . . . E T I E W Z
```

PUZZLE #73

```
. . . . . . . . . .
N E H C S Ö L . . B
E D I E N S T A G E
R . . S P A T Z . G
E . K L W . . . . R
I I . I Ü . . . . A
L G U E Z K R E W B
R . I F . . . F . E
E M . P Z Ä H L E N
V . K A R D I N A L
```

PUZZLE #74

```
. K . . . . . . P N
. C . . P O K A L I
. A T L A H S U A H
. M R G . S . . Ö P
. H O . . I . . . L
. C W E . N . . A E
. S R . . . Ö W . D
N E N Ä R T I K . .
N G . . . N E B E G
. . . N E N F F Ö .
```

PUZZLE #75

```
. . . . . . . . . .
. . . R E H C S I F
. . . . A K T I V R
. A L L E I N U D I
. . . K M P . . N E
. . . M A . M . A D
. . U . . C . A R L
. N E D A L H . L I
G I R E I G U E N C
. . . . . . . . L H
```

PUZZLE #76

```
. R E D U R B . . .
. A N W E N D U N G
. . . I L . A N . O
. . B . L . F R . L
U E . . B . P E . .
. . . K O K E T T .
. . . . G . T S . .
H I M M E L U E . .
C . . . N . O G . .
S . . K C Ü R U Z .
```

PUZZLE #77

```
. . . T . . . . H .
. G . H L . . A . .
W Ä S C H E L . . .
. H . I . S S . . .
. N . W K . . N . .
. E Z E U G E B I A
. N T S . . R A E D
. T . Ö . A U G E N
E . . B U D G E T A
. . T N A F E L E P
```

PUZZLE #78

```
. S . N E L I E T .
. C . E . P . . H .
. H . H H Y . . O .
. U . C E T M . C .
. L I S . O M . K .
. E R I . E A Ü E .
R E . W . R K . N D
F . . B L E I B E N
. . . A N T . . . U
L I B A T S N I . R
```

PUZZLE #79

```
. . E H C A R P S .
. . . L T S B R E H
. . . M A S U A R G
. . . I R H . N O E
. . S . E W C T T P
. O . . B O . S A Ä
N E N H E L B A T C
. . . . I K O . K K
. . . . F E O . I .
. . . . . . T . D .
```

PUZZLE #80

```
. . . . . . . . . .
L . . . . . . . B B
A P R I K O S E L .
H . . R . . G E Ä .
C . . . A I G D T E
S U M G E B E N T I
B E I ß E N E A E T
. L E S N I P S R S
. N K A M P A G N E
. . . . . . . . . B
```

PUZZLE #81

```
. . . . . . G W . R
. H E R Z V L O . O
. . . R T E Ü H . D
. P . O I R C N . I
. I E C S K K M . R
. S H K T A L O T R
. T C E P U I B R O
. E A N U F C I O K
. . S . A E H L D .
. . . . H N . . . .
```

PUZZLE #82

```
. N E L H A Z . . .
B E V O R Z U G E N
. H I N T E R . . Z
S C H W E S T E R I
. U . . . . . . . R
R A H M E N W E R K
E R N Ä H R E N . U
. B . . A G E N T S
. . D A R R O T O M
. . R E H C U A R .
```

PUZZLE #83

```
. . S . T . . . . .
. H C S I E L F . .
. . H P C E . . . T
. . L A K H O G E R
. . A ß E C . R . H
. B F . . T R U A A
. L E K N I W N N F
. . N I . K . Z G S
. . . D . . E S U .
J A H R Z E H N T A
```

PUZZLE #84

```
. B E T T D E C K E
. S C H I N K E N B
. T . N . . . . I A
. R E I E L H C S N
. O P . H . A . . .
. M P . C . S . . .
. M E R E T S N E F
. E R . R A A P . .
. L T . P A R F Ü M
. . . S . . . . . .
```

PUZZLE #85

PUZZLE #86

PUZZLE #87

PUZZLE #88

PUZZLE #89

PUZZLE #90

PUZZLE #91

PUZZLE #92

PUZZLE #93

PUZZLE #94

PUZZLE #95

PUZZLE #96

PUZZLE #97

S	B	V		F	Ü	R	S	T	
S	O	E	M	O	L	P	I	D	
U		R	M	E	F		B		E
N		L	T	E	E	N	R		I
L		A		I	R	R	Ü		N
E		S			E	K	K	F	T
S		S			R	U		R	
A		E	H	C	O	W	E	N	A
H	D	N	A	B	M	R	A	N	G

PUZZLE #98

R	E	F	F	O	K	E	T	M	
	L	E	S	T	Ä	R	S	E	
O	Z		F		H	H	N		
H	T		O		Ä	C	S		
R	I		H		F	Ä	C	W	
E	P	G	N	A	L	N	H	O	
D	S	C	H	I	M	M	E	L	
E			A	Ü		E	N	L	
I			B		R	D		E	
W						F		N	

PUZZLE #99

	S			T	F	H	E	G	B
	U			T	F	A	B	I	A
E	M	T	T	I	O	N	L	Z	N
S	S	R	E	N	T	D	E	T	D
Ä	I	A	B	H	S		S	U	E
N	S	U	A	C	B		E	M	R
O	S	R	H	S	E		I	H	O
J	A	I	P	B	L		D	C	L
A	R	G	L	A	K			S	E
M	Z	R	A	W	H	C	S		

PUZZLE #100

R	H	O	R	F	L	I	H	C	S
	R	Ä	N	O	I	T	A	T	S
G	N	U	L	L	E	T	S	E	B
	F	L	U	G	H	A	F	E	N
A	U	F	G	E	G	E	B	E	N
A	U	G	E	N	B	R	A	U	E
	E	I	S		N	E	R	Ö	H
G	N	U	T	S	Ü	R	S	U	A
	T	Ä	T	I	Z	A	P	A	K
	A	B	T	E	I	L	U	N	G